아무튼 불가능한 세계

최지안 시집

시인동네 시인선 194   최지안 시집

아무튼 불가능한 세계

시인동네

시인의 말

이해되기를,

이해되지 않기를

2022년 12월
최지안

차례

시인의 말

제1부

사라진 미래의 서 · 13

시끄럽게 우아한 · 14

천한 사랑 노래를 받아 적었네 · 16

온화(溫和) · 18

불멍 · 20

그때 나는 겁이 났었다 · 22

사과의 탑 · 23

잘 지내냐고 물어올 때 잘 답하기 · 26

한붓그리기 · 28

로렘 입숨 · 30

블루 타일 · 32

뒷모습 · 34

탈리스만 · 36

Lazy girl · 39

이것이 날마다 아름답고 이상한 순서이리라 · 40

수천 개의 마트료시카를 품은 마지막
마트료시카 · 42

제2부

일랑일랑 · 45

일랑일랑 군락지 · 46

서문 다음 · 48

여왕의 토르소를 조각합니다 · 50

죄 없고 조용한 여름은 어때 · 52

딸기 수플레 팬케이크 · 54

영원한 재잘거림 · 56

체리나무였다니까, 카사블랑카 · 57

수묵담채화 · 62

모던 테이블 · 64

몽타주와 물고기 · 66

L0vERs ConcerTo · 68

아라크네 · 70

뭔데 이 상자 · 72

이건 매거진 · 75

XOXO · 78

무아의 숲 · 80

제3부

잡목지 · 83

파란 행복 · 84

헤이븐 · 86

더블 헤이븐 · 88

강아지 안기 · 90

십일월의 대화 주제로는 더 깊은 것을 고르는 중입니다 · 92

솜사탕 그림 · 93

이런 미소는 뭐람 · 94

루미나리에 · 96

사르디니아 · 98

아주 변칙적인 불꽃 · 100

몽크스 · 102

이미지 토폴로지 · 104

이태원을 어떻게 걸어다닐까 · 106

그렇게 모두 거절당하고 있다 · 108

차차 · 110

압정 · 112

유행성 독감 · 114

해설 환상통과 몽상의 언어 · 115
    이정현(문학평론가)

제1부

사라진 미래의 서

 2550년 그는 시계 없어도 손목을 자주 올렸고, 안경을 두고 나온 날에도 관자놀이를 쓸어 올렸다. 그렇게 하는 동안 그는 불안하지 않아서 이런 것들이야말로 인간만이 실감하는 환상통이라 생각했다. 2555년 약속장소에는 AI 시인이 작품집을 갖고 서 있었다. 그(미래적 관점에서 '그'라 불러 본다면)가 앉아있던 곳은 모두 명소가 되었다. 식물들은 2580년에도 아직 존재했지만 인간과 함께 모두 그루터기가 되었다. 우주의 시는 일종의 신앙이나 현학적인 의식으로 변모했다. 인간들은 한때 이것을 있다―없는 변증이나 환치로 불렀다고 한다. '-nmlamcw eigo3, alkf0 @kffj of eikgm.!#**' 이 문장은 2620년 올해의 감동적 문장으로 손꼽혔고 2623년, 재앙을 예언하는 새들이 둔치 원목에 머리를 꽂고 있다. 동년 AI 시인 포에고(Poet-ego)의 이름을 따 포에고문학상이 제정되었다. 그때 나는 불안해지는 알고리즘을 따라 안경을 닦고, 기계와 사랑에 대한 것들을 써보려 했다.

시끄럽게 우아한

말이 많은 허수아비를 오두막에 두었다.

어제 날아온 참새의 동작에 대해, 어깨에 쌓인 빛의 이명에 대해 영영 듣기로

영화를 보면 꼭 감상을 나누고 토론해야만 하는
파토스와 에토스를 분간하는 나는 언제부터 그따위 사람인가.

한때 흔들의자에 조용히 언어 눕히는 사랑의 모양을 그려도 보았었다.

함부로 허밍하는 아름다움이여. 다변적인 것은 불안해도 언제나 좋으네.

이불을 당기면 발이 차가워져서 방을 채우는 공기의 모양이나 밤의 살결을 이해해볼 수 있다. 이해라는 말도 위기, 천장을 채우는 묵묵함이 있을 뿐인데 너는 뮤트를 묵살하고 몰

래 발 휘젓는 백조의 밑. 다만 내가 조용할 때, 다만 너마저 불타거나 잠기지 않길 바랄 뿐, 불가능한 세 번째 여름 열기 앞에서

이 세상의 완전무결한 애인들은 모두 철학적으로 죽었다. 생각이 너무 많은 것은 살아가기에 불리해. 유불리를 떠나 위험해져.

이론과 공상을 집어치우고 우리 그냥 누워 있자. 그러나 절박하게

천한 사랑 노래를 받아 적었네

Astra.
가르쳐 줄게 나비는 Le papillon 불어로 빠-삐-용
죄수가 나오는 영화나 양주 이름을 생각해선 안 되고

나방은 papillon nocturne 이를테면 밤의 나비
캄캄한 나비와 낮 나비의 미묘한 차이를

너는 모르십니다
몰라서 아름답나요?

쥬뗌므 쥬 베 비앙 내게 인사하려면
불순한 밤 나비를 알아두세요

안녕. 그는 녹턴 야상곡을 코트처럼 걸치고 테라스에 앉아 있는 자
  흰 벽만 골라 붙어 담뱃불에 불붙이고 야광별 되는

마른 벽지 더듬고 불 지지는 자

꼬냑 없이 밤을 새고 한낮에는 빛에 붙잡힌 표본이 되기 싫이 도주하는 자

밤 나비가 아름답나요?
몰라서 묻나요

꿈의 우하향 곡선, 온통 보기 싫은 반점들과
얇은 나비 육신을 들어 안대처럼 눈 가리는 가장무도회

납작한 몸이 겹겹 쌓인다 그것이 크레페가 되면
나는 바스락거리는 오전 11시나 그맘때 즈음 나풀거리는 몸

시간을 어기고 너 온종일 기록했던 것은 밝은 겉보기 등급입니다

여전히 내 본명을 접어두었거나 모르시거나

온화(溫和)

같이 산 적 없는 동거인은 소파를 창가에 두자 말했습니다.

계단 같아 저걸 보면 자꾸 밟고 밖을 걸어가고 싶어져

사람들을 구경하다 무거워져서 결국 나 머리부터 기울어버리면 어쩌지

천사가 계단을 걸어 내려와 비루한 육신을 수거품으로 오해하면—

네가 나 지켜주지 않고 돌아다닐 때마다 커튼을 여는 몬순마저 무서워져요.

부스스한 머리칼, 귓등에 아름다운 묘목을 꽂아주는 사람아

창밖을 볼 때마다 바닥이 스민다는 것을 너야말로 잘 알겠지요.

팔을 뻗어 새와 어우러지는 동선을 품고

부드러운 담요 씌워주는 일상은 평범한 행위 아니죠.

블루베리 열매를 으깰 때에는 내게 하나뿐인 파란 옷을 입혀주었고

동거인은 나 죽은 가시나무 되지 않기를, 빌며 밟지 못할 소파 커버를 깔았습니다.

이제 너도 후광을 받고 뒤로 돌아앉아. 이 방에서 모두 내가 되갚을 빚이니

천사가 내려오는 착한 층계를 자주 찾길 바라.

불멍

 반지를 화로에 던지는 저녁, 간이의자를 깔고 한 세계의 멸망을 바라봤네.

 이런 날이면 불은 춤을 춘다.
 토슈즈에 엉켜 붉어진 발 뻗으면서 나의 세계도 퍽 괜찮았다고 차이코프스키, 반지를 굽는 동안에 불은 푸에떼를 몇 바퀴 선보이고 근육통을 앓는다. 그러나 너는 다시 타오르고 오직 나만이 빠진 발톱을 어루만졌다.

 발끝을 접어 동그랗게 말아 올리는 발레리나여— 그런 몸짓은 언약이 될 수 없지. 기립박수를 보낼 수 없는 동작들은 기괴한 극장에서 과거를 태우고 다리 벌린다.

 우리에게선 어떤 아이도 태어나지 않았다. 반지를 굽는 공연장에선 모든 울음이 허락될 수 없었다. 불씨 하나, 불씨 하나, 오직 빨간 새 떼만이 불티로 날아올라 물어온 춤을 버리는 백조의 저녁, 세계와 아이의 몸짓을 상실하고 마지막 흔들거림을 감상하는 밤에 너는 비틀기리고 발레리나 발레리, 불에 손을 집어넣어 허리 감는 춤 함께 추는 것은 오늘 밤에는 불가능하지.

　숯덩이가 되어버린 세계와 반지, 불길 속에서 붙잡는 가녀린 댄서의 발목은 검은 깃털로 뒤덮여 있다. 약속이었던 것일까. 고구마를 꺼내는 것처럼, 발레리나는 검은 반지를 베어 먹고 사그라든다. 검댕과 숯이 블랙 스완처럼 바닥에 어그러져 있었고

　아무 의미 없었네. 검은 깃털로 덮여 더는 자라나지 않을 둥근 행성. 불이 멎었네. 생각 없는 밤에 멍이 들었네. 춤도 숨도 두근거리지 않는 약지처럼 모두 멎었네.

그때 나는 겁이 났었다

 당신은 고개를 숙여가며 아래로 걷는 촛대, 사방으로 어둠을 깎아내는 미안한 파라핀. 그때 나는 양초가 죽어간다 생각해서 빛의 뺨을 두 손으로 감싸주었다. 풀무처럼 입김도 후 불고, 불의 목도리를 감아주듯 할 일을 모두 해보았다. 그때 나는 한쪽으로 으스러지던 생화를 생각했다. 죽어가는 이의 병실에는 플라스틱 꽃이 나을까. 당신은 꽃을 양초처럼 눌러 끄지 않는 이상한 버릇, 생화를 머리맡 책상에 놓아두고 간 우물쭈물 양피지. 그때 나는,

 이런 배려는 익숙하지 않아. 당신, 검푸른 인장으로 밀봉된 편지를 안고, 왁스 실링을 뜯을 때조차 봉투가 다칠까 봐 걱정하는 엷은 열 손가락. 저렇게 가는 손이야말로 오선지를 벗어나 수많은 행간 편지를 연주하기 좋겠구나. 나는 병실에 연주자를 들이고 흔들의자 위에서 곡선이 된다. 지난날 아름다운 연서를 택배처럼 흘겨보았고 날짜만을 확인하던, 주소를 쥐고 뜯어내는 무자비한 사람이었으나 이제 나는,

사과의 탑

 살에 박힌 나사 하나를 뽑고 돌아오는 길이야. 나사를 뽑아내던 한동안

―

 쇳덩이를 잡아당길 때마다 울퉁불퉁한 나사산은 사과 속살을 다 긁어냈다. 그러니까 나사와의 작별은 거친 운전대는 놓고, 길쭉한 탑을 천천히 오르는 방식으로 이루어져야 한다는 거지. 핸들만 휘휘 돌려 사과탑을 빠져나가는 것은 촘촘한 나선에 대한 무례. 못을 당겨서는 안 된다. 나는 가장 깊은 곳 캐딜락 전조등을 끄고 차에서 내려

 그 길들은 역시 하나하나 발로 더듬어 읽는 편이 좋았겠어. 힘겹게 쌓아 올린 만큼 우리는 뽑아내는 일에 대해서도 언제나 정중해야만 한다. 그래서 내가 없는 사과의 탑도 검붉은 폐허가 되지 않아야 한다고, 나는 반쯤 올라오며 혼잣말을 중얼거렸던 것 같다. 그 말들이 한데 모여 전조등 없이도 어둑한 탑 속 조명등이 되었는지. 감아 오르는 길, 사과의 탑에서

는 입구가 출구가 될 수도 있겠다. 소라 모양 계단을 한 바퀴 휘 올라가면 나는 더 낮아진 어제의 층계를 밟곤 해서, 물론 우리가 쌓아 올린 모든 것이 낮아져 가끔 허망하기도 했다. 그러나 나사의 길을 찬찬히 걸어 올라가는 것으로 사과는 덜 아파진다. 덕분에 옹이 나사 풀리고 이 겨울 동안 나는 고작 나뭇가지만을 흔든 것이 되었다. 계절풍처럼 무사히 여기 와 있다. 땅에 떨어져 무너지지 않은 파과와 탑과 아픈 말과 사람과

계단을 하나하나 역순으로 더듬어 빠져나온 탑의 아침, 내 뱉었던 문장들이 나의 새끼손가락을 잡고 함께 걸어 나온다. 약속은 없어, 계단을 발로 어루만지며 붉은 탑을 빠져나온 사람만이 뒤돌아볼 것이다. 그렇게 눈으로 뒤를 샅샅이 누벼도 우리의 페르세포네는 탑의 세계로 가라앉지 않을 것이다. 숨을 들이킨다. 자동차 열쇠는 나선의 탑이 만드는 구멍 한가운데에 던져버렸다. 저것은 계단을 걸어 올라오지 못할 것이다. 남아 있는 것은 오직 나사가 머물던 자리였고

―

 낡은 벽시계가 휘청거리는 밤에, 녹슨 나사를 보면 벽이 붉게 달아오르는 방에, 나는 손바닥 위 작은 첨탑 몇 개 올려 주먹을 꽉 쥐어보았다. 여기 두 손에도 비스듬한 피사 몇 개가 쌓이고 있다. 앞으로의 미궁은 앞으로의 것이겠지. 나는 뽑히지 않을 벽시계 못 아래 한참을 앉아, 사과껍질이 중간에 끊어지면 안 될 핏줄이라도 되는 듯 굴어본다. 이제 사과의 탑에는 째깍거리는 소음 없을 텐데. 나는 겨우내 작은 방에서 붉은 사과를 석탑처럼 깎았다.

잘 지내냐고 물어올 때 잘 답하기

저 ㅎ―ㅣㄴ 작약을 봐 너무 오래 조용히 슬펐겠다

오랜만에 희다라는 묘사조차 위험해져서 답장으로 되돌려 보낼 꽃말을 섬세히 골라. 이게 나의 해묵은 회신이라면 넌 어떻게 해, 모르는 이름들은 오래 찾지 않을 전화번호부로만 남겨왔다.

나는 몇몇 계절 동안 루꼴라를 심었다. 마이너한 유행을 따라 누구도 모르는 엽서를 흙에 휘갈겨, 묵묵히 분갈이도 해주고 그리 잘 지냈다.

이십일 세기에 다정한 일은 자랑이 될 수 없어. 시금치 피자 따위가 자라 메이저가 될 즈음 화분을 깨고

묻는 안부에는 답할 말이 없다. 소파에 앉아 노르딕 커버를 씌우거나 털을 혀로 쓸어내는 고양이 흉내, 작약을 그저 잊힌 작심이나 먼 미래의 약조처럼 느끼는 일

그게 최선의 설명이니 말 못해. 이런 것들이 네겐 저 흔들리는 휜, 처럼 사소해서 나의 소식은 우송될 일 없겠지.

그저 잘 지낸다고 회답한다. 아무것도 모르시는 여신의 얼굴로. 좋아 보이네. 넌 내게 박수 보내겠지. 고마운 그 갈채까지 사랑할 수는 없겠다.

한붓그리기

 이 도시는 긴긴 붉은 선으로 완성될 뻔했다. 검은 배경 위에서 오직 끊어지지 않는 작위적 필치로 아니 지붕을 넘나드는 불결한 새와 개의 결속으로. 어떻게 한 붓으로 그리니. 할 수 있어— 폭력적인 대답은 꺾일 수 없는 관절인형을 무자비 연결했어. 손목을 그리는 수천 번의 수고 없이, 고요한 육신에 적합한 목탄화들은 어느덧 웅크린 포즈로 미움 받았어. 수백 획의 빛과 입방체에 대한 오해만 난무했고 인상파 화가들도 모두 죽었댔어.

 완성될 수 없는 그림을 보며 나의 시커먼 회화전을 대화로 읽어달라고 오늘 밤에는 한 획으로 빌어야겠네. 너는 눈과 입이 이어져 기이하고, 나의 손가락은 건반이 아니라 목에 걸쳐져 있으니. 피아니시모 연주를 위해 얼마나 많은 타래들을 풀어내야 할지 나는 몰라서 홀로 벙어리장갑을 낀다. 왼손이 오른손을 안아주고 싶을 때 침묵 아닌 부드러운 벙어리와

 아 참, 연인들은 나눠 낀 장갑으로 늘어진 반원 눈썹을 공중에 내건대. 우리는 처음으로 신의 뜻에 저항해 붓을 들고

칭칭 실을 늘어뜨린다. 때로 오랜 기도는 먹혔으나 당신은 검은 눈동자를 빙빙 둘러 색칠하는 한 붓 버릇을 가졌으니. 내가 원하는 응답은 그런 것이 아니야.

우리는 투명한 그림, 가슴과 손바닥이 하나라는 듯 휘감는 대화. 목소리, 벙어리를 부수고 끈만 남겨놓는 제멋대로 회화. 끊어졌다 만나듯 세상에 없는 약속. 오늘은 둥근 연을 띄우듯 가슴에 태양을 실로 잇고, 파도 끝에 발끝을 맞춰보는 굽이로. 점선을 뒤덮다가 한 걸음 물러서는 결속의 실선으로. 손을 잡아. 그러다 가급적 너의 등과 나의 눈동자가 연결되길 바랄게.

로렘 입숨*

수시로 생각하지 않으리. 궁핍한 것들로 완성되는 맨션

너는 경유지였어. 너를 그저 이용했고, 아무짝에 쓸모없는 입식 스피커 아닌

우는 사람을 숨기기에 적절한 가구는 오직 세탁기 하나

흰옷은 흰옷끼리 그러니 물러나서요, 검은 물빠짐으로부터

한 사람의 웅얼거림 그러다가 멈춰 고장 날 줄 알고 있었다.

BYC 빌딩 5층 흰 바탕의 입간판, 붉은 글씨로 쓰인 연서를

읽어도 보았다. 아무 의미 없지만 긴 구문이었다고 한다.

새 속옷을 샀고 입자마자 헌것이 되어버린다는 생각으로

앞으로는 무엇이든 수납장에 모셔 둘래. 그러다가 낡아버

린대도

빌딩 화려한 간판들은 언제든 추락하는 기요틴

이다음 너는 나보다 화려한 필체를 가졌네.

＊lorem ipsum: 최종 결과물이 들어가기 전, 임시적인 채움 글로 이용되는 더미 텍스트.

블루 타일

나는 살아버렸네 웬일인지도 모른 채

무언가를 자르지도 얼리지도 않으리
결심하는 나의 부엌

오래된 양파 뿌리를 녹여주는 기간에는
옐로 레몬만을 썰며 우는 착한 아이가 되자

부엌이라는 글자 참 칼을 닮았다
이맘때쯤 스스로를 지키기 위해서라도

트라이아스기 생물처럼 히히 무서워 이히히 웃었다

이런 밤에 할 수 있는 것
니은자 주방에 폭삭 안겨 불을 껐다 켰다
끄고 딸깍 다시 지피는 일

'물속에서도 불이 붙는구나'

여기서도 등대가 필요한 노릇이라고
이 방에서는 헤엄 금지를 되뇌는 일

내가 살아있다는 소문이 온다
물속에서도 비가 오고 터벅터벅 다닐 수 있다는 주문

어디까지가 부엌이고 어디부터 방인지
너는 굶주린 눈, 금식의 라마단처럼 다가와
와서 타일의 실금을 봐

뒷모습

토성 사진을 보고
너 되돌아가기 전에는 한 바퀴 안대를 고리처럼 둘렀구나.

좌우 좌우 흔들리는 펜듈럼으로, 마구잡이 꿔버리는 꿈에서는 어떤 얼굴이니.

사진을 기울여봐도 표정이 보이질 않아서
손 아닌 미간에 반지 끼우고

너 너 누군가를 미워하면서 어떻게 착한 얼굴을 갖겠어. 입 당기고 나의 주름이 너의 것이라는 듯 사진을 기울이고 빛 쬐어본다.

그런 눈길도 보낼 줄 알아. 빛 무더기 얼음 조각들 모여 고리 만드는 새턴 스프링. 약속을 우물거리다 불어버리는 차가운 입이 뒤편에 있고, 우리 민들레처럼 둥근 눈을 갖자 했지만 행성에는 아직까지 봄이 관측되지 않았습니다.

갈릴레이는 토성의 고리를 보고 귀를 몽상했대.

뒤편에서도 사람의 귀는 보여

그러나 이제 귓바퀴에 속삭일 수는 없겠네.

어깨 능선 위로 쌓이는 행성 파편들 아, 계절을 빗질하는 어텀 리브즈. 계절을 저마다 부르짖는 무슨 무슨 노래들……순결한 배추나비 무덤과 푸르댕댕 한여름, 진녹빛 소곡

이제 앞모습을 찍을 수 없기에 오늘 같은 표정들은 폐기되어야 할 것이다.

탈리스만

악한 소문을 들었네
신에게서 아픈 니은을 앗아온 것이 시라던

한동안 밥도 먹고 잘 살았지
GRANDE, VENTI에 휘핑까지 얹어서
신처럼 쓰고 주기도문처럼 읊다가
네가 나 버렸다고 헛소문을 냈지

우리를 지켜주지 않는 신도 뽑혀버린 니은도 아파
겨울 한철의 난, 남몰래 어금니처럼 떨었네

우리에겐 새로운 형태의 부적이 필요합니다 그러니 이 페이지를 찢어버리세요

천사들은 옷장에 푹 젖은 겨울코트처럼 꽂혀 있었다

세상의 모든 아름다움을 파쇄했지
어떤 낱말은 약속이 되었고

다른 모든 것들은 여전히 무섭대도

당신은 그걸 그러모아 종이 화로를 만든다
'이런 거, 저렇게 허술한 재단은 처음 봐요'
붉은 염료와 숨은 내게 거두고
HIRANYA 오망 육망성은 여전히 순결한 소년으로

니은이 빠져나간 자리에는 고작 샛노란 미음이 들어왔다

이제부턴 외딴 곳의 무신론자들이 하는 것처럼
우리 아침엔 퀼트 스카프를 두르고 사거리를 걷기로 해
기하학적 패턴 위에서 멍청한 신은 퀸을 쥐고
사람의 정수리에 체스판을 옮겨놓을 것이다

너무 노란 바람이라는 말은 영영 갱신되지 않아서, 당신만이 이해할 것이다

그러니까 바람이 계속 불어온다

총알을 막아주는 두 번째 뼈가 있고
찢겨진 페이지 하나 책상 안에 넣어주세요
불도 붙여 주시고요

Lazy girl

 당신이 아주 둔했으면 좋겠어. 늦은 주말 아침 널브러진 팬케이크처럼 브런치를 찾고 강아지 귀 달린 담요를 머리에 둘러쓴 채, 너도 침대에 오르는 강아지, 오늘은 차분하게 아무것도 하지 마. 사랑하는 이가 저 새벽공기를 찢고 돈 벌어오길 바라는 애인은 세상에 없어. 말이 느린 애인이여, 물을 덥히는 데 시간 들듯 한 올 한 올 공들이는 너의 표현을 저 스웨터 실의 끝과 끝을 따라가듯 곱씹는 시간. 털뭉치로 한데 영화를 보고. 체리 꼭지도 뜯는 불분명한 순간에도 당신이 둔했으면 좋겠어. 거친 사랑해와 우아하게 좋아함의 차이 그런 쓸모없는 것을 되짚는 것들로 주말 오후를 채워 나가게. 나란히 앉아 커피를 휘젓고 가라앉는 것들. 분진이 잠기는 게 마치 풀지 못할 영겁의 자물쇠라는 듯, 티스푼을 분주히 움직이는 그런 다정한 네가 늑장을 부렸으면. 안온한 지붕 아래서 한철 여름 장마를 나와 눅진하게 이겨냈으면. 그맘때쯤 나는 당신을 위해 현 없이 시를 탄주하고 나란한 건반들, 정오의 연탄곡을 위해 네 곁에 앉을 것이다. 당신은 연주하는 시늉만 내도 돼. 나는 시를 쓰고 너는 무엇을 할래. 아무것도 하지 마. 둔한 음악에 아무것도 그냥

이것이 날마다 아름답고 이상한 순서이리라

미사를 생략하고 고해만 하는 사람도 아름다워.
신을 모독하면 그는 나를 천당에 받아줄지

모르겠어. 약속 있는 척 매일이 바쁜 소년이여, 주일에는 어딜 가려고.
이해되기를 이해되지 않기를 나는 주말 애인과 폴라로이드를 찍어. 꽃받침을 하면 그것만으로 꽃이 되는 줄 아는 사람과

화원에는 인간의 손바닥이 몇 겹씩 펼쳐져 있다.
그거 참 좋다. 기성품 천당에서 수확되지 못하는 작은 미소
외경심 없는 손등. 수화와 냄새로 개화를 알리는
나의 네펜데스 기도마저 아름다워요?

그러니까 가장 신앙 깊은 자가 무신론자가 된대.
부재중, 나의 자취방에 배정된 흰 것은 없었다.
스테인드글라스 앞에서는 누구라도 붉고 성스러워져요.
나를 두려워 말라던 태초의 천사들은 모두 흉측하게 생겼대.
아기 천사 요하네스는 나는 법 모르고 배꼽은 미로 같아, 그

러니

 이 뒷걸음질을 부디 받아들여 주세요. 나팔 불지 않고 몰래 빨아들이는 장난을 읽어주세요. 숨 옥죄는 좁은 기도가 밉고 간절한 바람 접는 날개를 두고

 내가 흘린 지상에 천사들이 없다는 소문
 말 안 듣는 인간들을 지상으로 당겨버린 흔적이 저 늘어난 귓불이면 어떻게 하지. 괜찮아, 내 방 천장에 천사가 있으면 좋겠지만

 너는 괴물이야 나를 능멸하기에, 천사의 목소리가 기괴하게 굴절하는 이 무렵 새벽 창밖에는 성스러운 석판이 걸려 있다. 거기에 계시를 호도하듯, 나는 밖을 바라보며 방 안 짙푸른 라넌큘러스 꽃말만을 배반하듯 읊조렸다.

 이것은 꽃과 종교에 대한 시가 아니다.

수천 개의 마트료시카를 품은 마지막 마트료시카

 제페토가 부러뜨린 갈빗대. 그가 나의 목각 가슴을 열고 미래를 유폐한 이후, 나는 매일 늑골을 힘껏 벌려 수천 아이를 낳았다. 작은 것들 방생하지 못해 쏟아지자마자 안았다. 품자마자 속이 비릿해져도, 너 아닌 불온한 것은 들어오지 못하도록 엘리스의 물약은 하수구에 쏟아버렸다. 몸을 입고 사람을 벗고, 가슴속에 최소한의 참선을 심어두자 닫히는 나무문. 너는 내 안에서 자라나는 만다린, 껍질 안쪽에 순백 지도를 숨겨놓은 피멍 그러나 이 가슴에서 잉태는 없다. 작아지는 부화만 있을 뿐, 우리는 날아다니다가 잠깐 손끝에 앉는 계절풍. 복제된 계절과 벗은 나무 몸이 나이테처럼 휘어간다. 어쩌지 부러진 뼈의 단면들. 상처가 그려내는 등고선을 쓰다듬으며 수천 장 미래의 서를 읽는다. 쓸어줄 뺨과 목각 흉곽 안쪽 여기 웅성거림이 중첩되는 비좁은 관 하나, 언제 나갈까 캐비닛 속에서 더는 열리지 않아 잠긴 문패 둘, 곰팡이가 슬어버린 목제인형들을 버릴 수 없어 이제 부러진 폐를 봉합할 테니 너희들은 모두 여기서 나와 함께 죽도록. 흉곽에 빗장을 걸고 더 작아질 수 있다는 믿음, 기도를 접어 삼키는 부러짐이 있고, 무너지거나 작아지거나 그뿐인가.

제2부

일랑일랑

꽃말을 정해줄게
이곳은 사철 우기뿐이고 음습한데

내게 건너오는 무모한 너에게
사막의 돌풍이라거나
소침함의 정복자라 부르는 것도 가능하겠지

이름을 적어내려 앨범을 켠다
너에 대해서는 그 어떤 단어를 그러모으는 것도 불가하니
색채를 묘사하거나
조그만 오브제를 끌어놓는 것만이 가능하겠지

우리 앞으로 사진 많이 찍으러 다니자
네 컷 사진 디에스알 뭐든

정원사의 부드러운 가위질,
잎등을 타고 내리는 하늘의 점들
두 점이—

일랑일랑 군락지

—아름답니
팔월 십팔일의 스크롤은 푸른빛인데
고마워 울렁울렁 침입하는 빛과 보라 얼굴의 파수꾼들 온갖 물결 이름들이 검푸른 살처럼 수은 기둥을 위로 밀어내는 따뜻한 정원에 대해

다시 정해줄게 너의 이름에 대한 것들
가넷과 사파이어를 구분하지 못하는 것처럼,
여울과 너울의 발음이 어렵고 구별도 필요 없는, 사람을 사랑으로 잘못 발음해도 되나 프로넌-시 에이…션 네가 어려운 모든 순간에

가장 예쁜 명칭을 빌려줄게
너에 대해서는 흔들림을 묵인하고
다정한 아무르강과 시월 연분홍, 그 모든 것들을 지나
너에게 달아줄 말을 생각하려 소피스트의 식탁을 정리하는 나의 저녁까지 빌려줄게 포크가 찍어내는 소시지가 아픈 착한 사람에게

너에 대해서는 샛노란 꽃받침을 받쳐주고 작은 꽃에 우비 입히고

너의 이름이 나의 이름이 되었으면, 하는 바람은 메타포가 될 수 없지 모호하네 너에 대해서 부를 때는 달과 거북이, 펜스를 넘나드는

그럴 수 있어 알아둬 이 한낮의 이름을 몰라서 너는 은유, 묵묵한 직유 일랑이는 샛노란 말

서문 다음

한참을 밖에 앉아 있다 돌아왔지
눈 감으면 엷은 유리의 방 다 부서질까 봐

사랑스럽고 무구한 나의 천치들에게
우리는 언제까지 두 광대뼈에 잔뜩
물을 심어야 하니

이제 소개하는 밤의 정원*
아픈 사르데냐에 어서 오세요

유리꽃 피고 지며 피멍 드는 밟힘
모래에 스미는 벌과
흙 뿜는 심장이 가려워 고작 '좋아해'를 작심하는 여기

푹 꺼진 사구의 표정을 짓고
바다 일렁임, 눈썹을 소묘하는 파고와 정원사와 가위질과—

부푼 수풀은 오만해질지 몰라

물러서듯 저미는

빗금 그어진 숙제로 바지 끝단 젖는

여긴 위험하네

---

*『이대로 아무것도 바라지 않는』 서문.

여왕의 토르소를 조각합니다

처음엔 팔.
무너지는 것들을 욱여넣던 섬세한 근육들
의연하게 몸 뒤까지 구부려
딱 이 도시의 치사량만큼 숲을 긁어대는 긴 손가락

오리처럼 갈퀴를 붙여둔다면 포옹은 헤엄이 될까
겁이 나 가라앉는 것은 그러니 함께
오늘도 무섭고 내일도 무서워져서 어제 우리는

비정하기로 해
묵묵한 나의 등을 가슴에 덧대기로
사십오 도 대각선으로 앉힌 몸통에서 뻗어나가는 힘줄 비와
흘려보내기 힘든 늑골들에 철사를 박는다.

없는 팔을 흔드는 것이 유행이라지.
나도 회랑에서는 하나를 생략해야만 할까.
붙잡지 못하면 허둥대는 물속인 양
나는 한동안 전람회

가라앉는 회양목 흉상 사람의 자세를 생각한다.

턱을 괴었다가 아니 비틀어진 표정은 무례
빚는다는 말보다 뭉갠다는 말이 어울릴 즈음

나는 사랑하는 것을 싫어하는 법을 배워버려서

그다음엔 젖은 어깨
진흙을 뭉쳐 쌓아둔 무더기 언덕으로 올라오세요.
내겐 깨지기 쉬운 흉곽이 있고

평평한 그곳엔 티 테이블 하나
붉은 입술이 있다
다정한 목소리를 구멍에 감춰둔 입
나의 이름을 넣어둔 입술은 어떻게 조각해야 할까.

뒤틀린 인중을 갈라선 빨강이라 믿고
간신히 무엇인가를 완성했던 것 같다.

죄 없고 조용한 여름은 어때

천칭에 둥근 태양 세 개를 올린다. 앞으로 너희들은 어떻게 구를까. 하루 세 번 뜨고 지는 행성은 위험해. 이번에는 가장 섬세하게 공전과 자전의 차이를 구별하고, 해에 물도 주는 사람이 될 것이다. 자꾸만 기울어지는 지구의 자전축은 누구의 잘못일까, 빗나간 태양의 입사각은 어떤 계절의 패착일까. 태양은 키워내기 어려워. 둥근 난초(難草), 물조리개를 잃어버린 이 세계의 애인들은 모두 본분을 잊은 별의 법관, 최선을 다해 실패한 저글러였다.

천체에 대해 착하게 굴면 다음 계절은 영원합니까. 매번 쏟아지는 공들을 이해하거나 포기하거나 그저 묵묵히 죄를 씻는 이런 여름은 어때. 그을린 해변 피켓들도 모두 절박하고 다정했대. 그걸 알면서도 다시 선크림을 바르는 이런 계절은 어때. 소란한 해무리를 다짐하는 밤은 어때. 묵묵한 밤을 기억하고 소담한 침묵, 달의 궤도를 생각하는 나는 뜨거운 아랫목에 그저 앉아 있다.

앉아만 있다. 떨어진 해를 수박처럼 주워 먹으며 계절에는 검은 줄무늬를 입어보는 것이 좋겠다. 시끄러운 진녹색 생각은 멈추는 것이 괘찮겠다. 이제 조용하고 뜨거운 여름, 쟁반 위에는 일곱 개의 공이 구르고, 수박을 파과로 만들며 박수갈채 터지는…… 생각과 신중을 요하며 온통 너에게 번져 나간다.

딸기 수플레 팬케이크

계란 두 개를 준비하고 노른자와 흰자를 분리해주세요

이런 감각은 어디에서 오는 걸까요

약속처럼 이층에 올라 홀짝이는 찻잔들
일층에는 연인들이 부족해요

머랭이 꺼지지 않게 주의하며 핸드믹서로 섞어주세요

다락에는 무슨 이야기가 숨어 있나요
하얗게 일어난 거품은 연인들의 허들
푹 꺼지는 포토 존을 넘어오지 마세요
나란히 앉지 않기, 포옹하기 전 눈을 응시하기

폭신하게 구워지면 접시에 두고 슈가 파우더를 뿌려주세요

사이에 있는 접시들
포크는 무섭고 수저가 우리를 굴절시켜서

얼마나 많은 언약이 찍히고 흐르나요

폭신하게 구워지면 접시에 두고 슈가 파우더를 뿌리세요

끝으로 반쯤 자른 붉은 딸기를 올려주세요
어떤 모양인가요

영원한 재잘거림

 미음 같은 마음이 가능할까. 휘도는 ㅁ, 같은 마음이. 모난 구석을 부딪쳐도 사람을 칭칭 감는 공회전이 있고 이 벼린 돌아섬, 해야 할 일을 끝내고 말린 강아지 꼬리. 너는 조그맣게 주무신다. 이응 이응 그래, 말아쥠이 놓쳐버린 소란인가. 당신은 온종일 눈을 끔뻑이며 날카로운 마음을 핥았다.

체리나무였다니까, 카사블랑카

오토바이 헬멧을 쓰고 걸어가는 물속 저 섬까지는 금붕어 어항을 뒤집어쓰는 편이 나았겠어. 턱밑까지 물은 차고 희박해지는 공기 영토, 나 대신 인어를 집 앞 바이크에 앉혀두고 물속을 걸어간다. 머리 위로 떨어지는 카사블랑카 꽃 작은 지느러미로 시동을 걸 줄도 알았구나. 너는 이제 안녕. 하이웨이에도 세이렌이 있는데 하나도 못 보겠지, 숨을 돌린 다음에야 눈은 떠지니까 미혹의 노래도 없이 물속같이 질주하며, 그냥 가, 뒤에서 보는 너의 비늘 윙윙거리면서 저 먼 섬까지 기름방울만 흩뿌려 놓고. 그렇게 가. 물이 입술까지 차오르네. 더 큰 수조를 가져올 걸…… 눈빛으로만 보내는 마지막 유언이 있고, 올려다보는 절벽 위엔 눈꽃 갈란드 그리고 불안한 눈동자를, 이해해주기를. 카사블랑카 아니 체리나무네.

너무 추운 인어 손끝은 갓 구운 빵처럼 부풀어 있어. 환각일까. 붉은 공이 운석처럼 흔들리는 저 벼랑 끝엔 저글링을 하는 남자가 있고 나는 계속 걸어간다. 대관람차를 닮은 빨간 회전을 올려다보면 나는 무서워져. 제발 물에 체리를 떨어뜨리지 않기를. 뭉개진 과육 속엔 불안한 점괘를 품은 버찌 씨가 있고, 이쯤에선 인간인 나는 숨조차 참을 수 없게 되겠지.

심장 하나가 세 번째 폐가 되길 바랐는데.

 헬멧을 벗는다. 이제 돌아갈 반 틈의 힘도 없어. 새빨간 해파리들이 춤추는 어지러운 사월, 어지러운 것들이 심어져 있던 벼랑인데. 아니 아니야 카사블랑카 여인의 흰 속치마랄까. 서부 활극 같은 꽃 이름 총처럼 탕탕거리는 저 무수한 탄환들, 누가 치마 위에 꽃술을 매달았을까. 너의 주장, 인어의 결백과 추문 어거스트 붉은 반점을 읽어가는 이 계절이 나를 겨냥할 땐, 꽃도 물방울도 모조리 충혈된 눈동자 같았지. 파도가 한 겹씩 투명한 옷을 개면 순결한 치마를 흔들며 우리 캉캉을 추자. 어렵지 않군. 숨 막혀도 우린 유리병처럼 떠오르겠지. 남아 있는 것은 하얀 해파리의 무덤 이제 나는 물속에 누워 있어. 숨 막히고 비릿한 사월, 꿈에서 주먹질을 하는 것과 물속 주먹질은 닮았지. 꿈과 물과 잠영으로만 우리는 섬에 도달할 수 있으니 패배한 복서들 같아. 바닷속도 그래. 물속에서도 쓰러지는 사람에게 어떻게든 비는 온다는 거지.

 나는 물속에서 우산을 쓰는 사람. 쓸모없이 필름 현상소로 달려가 건네받는 물의 몽타주를 좋아하는 사람. 젖어 비틀거리는 사시나무들과 함께 녹다운된 여기서부터를 십이월 카사블랑카 한밤의 군락지라 부르는 사람. 흰 수건을 겨울처럼 링 한복판에 자주 던졌으니까 그 계절 오직 인어에게 항복한 사람의 얼굴만 남았지. 이제 물고기는 없고, 불콰하군. 취한 걸 수도 있었겠지. 무구한 체리나무와 흔들리는 카사블랑카. 물길 속에는 택시조차 오지 않을 거라는 걸 나라고 몰랐겠어? 너 이제 안녕, 오늘도 물에 멍청한 연서를 보냈니? 누가 누굴 감히 품었던 것일까. 뚜벅뚜벅 나를 데리러 오는 물 밖에는 설국 눈사람. 여기서도 물고기들이 사람을 만드는구나. 불투명한 헬멧 유리 밖엔 내리는 카사블랑카 없고, 온통 체리나무네…… 피멍들. 손을 부딪치면 붉어지는 물꽃들 무엇을 흔들어 떨어뜨린 줄도 모를

 내려오는 체리 엉덩이의 무게를 모를 땐 우리 영문도 모르고 그냥 하얗게 웃자. 추락하는 체리들이 낙과 되어 물속에 터질 때까지. 깊은 곳 돌 틈에 빨간 심장을 점지할 때까지. 선미부터 기울어지고 있는 카사블랑카 얇아서 불쌍한 것(아니

체리였어 이제 확실하진 않지). 바닥에 올 수 없는 언어가 고속도로에서 무거운 불꽃을 내려다본다. 태어날 때 웃으면서 탯줄을 끊었던 배꼽 같은 저 체리 꼭지들을 다 끊어주기를. 이제 파란 도시에 발을 내딛겠다는 거. 여기서부터 저기까지만 빨간 버찌 씨의 비 내리기로, 언젠가는 잠수부의 마음으로 기도하고 다음날엔 수녀의 표정을 하며, 기다렸어. 그때 너도 오래 기다렸지. 안녕 마지막 인사를 들을게, 방법을 알려줘. 체리나무 기울어진 방 한편에 산호 갈란드 걸어놓기. 그래 무엇이든 내리는 불 아닌 것처럼 네 머리칼이 온통 카사블랑카 뿌리라는 듯. 머리 흔들고 물을 토해내는 그로기 상태의 버스 뒷좌석에 앉아 있기. 애초에 여기 첫차 같은 건 없었어. 애애, 아가미가 없어 유감이란다. 물에서 썩어가는 체리들. 저걸 밟으면 버스는 뒤뚱뒤뚱 날까. 물고기 다가와 붉은 알인 것처럼 품어주는 해저에는 너도 헬멧을 쓰고 왔어야지. 괜한 체리를 동정하면서 헷갈리네. 그건 체리였다니까, 카사블랑카 그게 무엇이었든 이제 바다 유령이 됐어. 나는 계속 걸어간다, 걸어간다.

바다 밑면에 가만 누워 있으면 카사블랑카와 버찌 씨들 내 얼굴에 와 쌓이는 인어 돌무지. 이제 뼛속까지 물이 가득 찼네. 나는 고작 인어 하나를 길러낸 어항이었을까, 내려다보는 하이웨이 앞바다 인어는 저 위에서 불덩이를 얼마나 오래 던지고 놀았던지

수묵담채화

 머리칼을 안아주던 도끼빗 마음으로 우리가 물에 흘려버린 비단잉어의 이름으로. 실패한 숲에서는 장발 애인을 그린다.

 혹서부터 빙하까지 네 얼어붙은 극한의 강에는 단 하나의 조약돌도 던져질 수 없겠다. 대신 높은 석탑을 쌓겠지.

 귀밑 물길을 질러가면 도요새도 먹물을 뚝, 뚝, 농도 짙은 포도알이 다 깨어진 흑요석으로 떠오르는

 포도나무 숲. 너의 정수리는 그렇게 그려져. 수장된 나무가 쌓여 있을 돌무지무덤, 흑단으로 잠긴 목제 수납함에

 어서 안으로 들어와, 상류처럼 휘감는 손 (그러나) 이곳은 수묵의 세상. 시답잖게 까만 농담 좀 지우면 좋겠어. 이제 물이끼 냄새 풍기던 최초의 여름만 있고

 목탄으로 부드러운 물길 흉내 내며 실패한 숲에서는 장발 애인의 뒷모습을 그린다. 목선을 유령처럼 난의 머리채처

럼…… 미친 듯 쏟아대던

 아무것도 칠하지 않은 여백이 물이 되었지. 한 사람의 머리칼은 반쯤 잘릴 것이다.

모던 테이블

원형 탁자가 흰 베일을 흘려보낸다. 상류처럼

어떤 정물도 잡아주지 못해 쏟아지는 린넨 물보라들, 무엇이 태어나고 이곳에서 죽어 솨솨거리는지 모를 바깥은 겨울, 레이스는 축농증 환자의 쏟아지는 훌쩍임으로, 훌쩍이다 거꾸로 굳는 촛농으로. 나의 검은 불은 어디에 놓아주어야 할까. 썩어버린 굴처럼 흐물거리는 오후. 사람은 이제 쏟아지도록 너의 어떤 손바닥도 테이블이 무너질까 봐 벗어나지 못하니

케케묵은 협탁보만 종이학처럼 접었고, 나는 등을 눌러도 납작해지지 않는 손을 기도했다. 계절은 갔어. 너는 짓뭉개는 대신 불어 끄는 안온한 초를 기대했고 날숨에 안도하던, 나는 오늘 아침부터 평평한 지구를 믿기 시작했다. 밖으로 달려 나갈 공간이 생겼다는 이유에 안도하면서. 홍옥 심장 정물에 과도를 꽂고 이제 이 비좁은 테이블을 나는 떠날 텐데

사람이 없는 협탁 위에도, 물오리가 무릎을 낑깡 터뜨리는 소리가 놓여 있으면 좋겠어. 잊었던 연서 따윈 없고, 구십구

도 씨에서 멈춰버린 티팟. 도시적이지. 안타깝지만 내가 없는 곳에도 조명은 두어야겠다. 검고도 흰 기물들을 경배하듯 사선으로, 항상 모던하게 빛나는 오브제들. 사람이 떠나는 곳마다 유칼립투스 인사가 있다면 좋을 것이고, 우리가 불행에 항복하던 계절에 남겨진

검은 히잡처럼 모던 테이블, 겨우내 원형 탁자가 흰 리넨을 흘려보냈다. 면사포는 없던 이것은 종교도 약속도 아닌 참배. 길몽과 일몰이 한 끗 차이라는 너의 말처럼, 주술과 주사위 놀이, 빈 테이블을 위한 경배와 건배— 처럼, 화병을 부수고 코르크 뽑는 아모르 안녕 현대적인 인사를 탁자에 올려둔다.

사포로 튀어나온 정물을 갈아 없애도 우리의 탁자는 등껍질을 벗고 살아남을 것이다. 테이블보를 순식간에 당기는 탈피의 순간에, 모든 접시들은 제자리에서 현대적 표정을 짓고 있다. 오늘 아침과 어울리지 않는 접시 혹은 집시, 하나, 홀짝이는 커피 두 잔쯤. 그리고 여기 살아있는 미드 센추리—

몽타주와 물고기

*

  인간은 신이 놓쳐버린 바닷바람,
  검은 바다에 들어가기 싫은 담수어들은 아가미를 흙으로 메꿨다.

  물고기들은 말을 참고, 구레나룻은 길렀다.
  아가미를 가려도 울퉁불퉁한 꿈을 검열하러 파수꾼은 찾아온다.
  사이렌 소리를 걸고 여기 뭍에.

  꿈의 심장 한가운데를 뜯어내 뭉친 먼치킨 도넛, 그럴싸한 두근거림은 짓이겨져 수색대의 간식거리가 되었다. 아가미를 오므리고 흘러나오는 물 참으며,

  천사들의 경찰차 안, 중얼거리던 라디오 버튼에 역겨운 커피를 쏟아버린다.
  무전기도 고장 내 버렸으니

*

이제 한동안은 비를 켜둘 것이다. 물을 바르고 내가 증발하지 않도록
　말라붙는 손끝이 오그라들지 않게, 이곳이 물의 아귀라는 듯

　천사들은 덤프를 끌고 와, 굳어버린 미래를 등에 싣고 갔다. 나는 발각되기 싫어, 수장당한 꿈과 사람을 하나하나 기억해주려 애쓰며 엽전처럼 비늘만 짜 맞췄다.

　몸이 말라간대도 더 바랄게 없어요. 머리를 쓸어준다면
　여기 굳어버린 몸뚱이와 수조 안 미모사 마음을 기도하는

비대한 물고기 무덤.
　꿈이라는 발언이 무척이나 유치해진 어느 잠 속에
　뭉친 심장을 바다에 던지면 보초들이 허공에 창을 찔러댄다.

　이번 세기는 과연 어느 해역 어부들의 장난인지?

L0vERs ConcerTo

　가사 없는 보사노바를 켜고 앉아 있다. 언제부터 이런 노랠 들었지, 음율뿐인 곡선에 말을 걸어본다. 말은 걸거나 붙일 수도 있어 내게 얽히고 싶다면 말의 갈고리를 버리고 붙이는 게 좋지.

　안부? 내일 안 괜찮아 아니 나 괜찮은가…… 나에게 깃들기 좋은 가사는 낮고 아름답네. 오층 나른한 창가, 쉬기 좋아 사선으로 내리는 빛의 점선들, 빛을 덧칠하며 낯설고 익숙한 두드림을 만드는 저 비의 가닥. 대화가 될 수 없는 노크들을 건너 문 두드리는 너. 당신은 내게 손가락을 낫으로 걸고 잠깐 방문한 것일까? 아니 이곳에 함께 엉겨 붙어 살고 싶은 거니?

　음악을 끄며 가사 없는 멜로디를 오독한다. No i'm not fine- 말을 붙여주자면 너는 울림이 있는 앙상블, a couple of rains that that 빛의 소리와 Avenue beat…… 모두 다 허공에서 오는 것인데 비와 빛의 차이는 무엇일까. 처마를 쓸어주는 물갈퀴를 경청한다. 손깍지가 불가능한 손아귀에 흐르는 물은 싫어. 빛은 좋아서

　너 내게 젖어들고 싶다면, 스미려거든 빛을 미워하고 비를

좋아하세요. 폭우 속에서 쇼팽과 우산을 접는 로망에 동참하세요. 너도 나와 젖어줄 거야? 집을 사고 돈 모으고 재미없는 되풀이 이것도 리듬이라면 차가운 심박인데 눅눅하고 습한 이 심방의 쏠림, 혈관을 타고 흐르는 물길들. 비가 형용하는 거창한 소나타 론도와 투둑 창을 치는 평범한 주말. 나의 비칠한 나날 속 너도 우산을 접고

  취소된 약속이 재즈를 갈아입고 방 채우듯 그리 우연히 내게 오세요. 비 내려도 온다—라고 부르듯, 너는 초인종을 끄고 문패를 쓸며 내게로 오세요.

아라크네

촛불을 말아 쥐어 불 끄는 저녁

이렇게 해야
손으로 빛을 낳는다는 것을

알고도,
그을리지 않은 손

종탑에는 갇힌 음성들
발바닥 안쪽엔 피멍이 있고

겨우내 도착한 방엔 촘촘해진 퀼트
불을 낳는 자궁을 기도했어

비틀거리며 그려낸 회화를 고이 접고
도착한 이곳은 웅크린 아라크네 겨울

―나의 캄캄한 귀로를 아주 오래 읽고

나비를 잡아먹고 여기서 바라보는

반대편 하행만이
왜 아름답니

뭔데 이 상자

먼저 질문
이것은 콘 모양의 비닐 포장*

멈추라는 고깔 표지판이 튀어 나온다
질주하는 코뿔소이기를, 맹신했지
뜨자마자 닫히는
폭죽의 종이 눈을 보며

수식어는 됐어 우리에게 달린 리본을 다 자르고
당겨보는 줄 하나, (펑)
Happy b-day?

NO
하늘에서 헝클어지던 오색 곱슬머리
엉겨 붙은 저것은 낑-깡-낑-깡- 선율 잃은 바이올린
나는 버뮤다를 닮은 축하를 켰고

다음번 의자에 앉을 땐 차분히 초를 불도록

숨 내쉬면 뒤쪽 얼굴까지 후— 번지는 빛
밀려난 표정은 벽보가 될 수도 있었지

이제 다른 질문
찢겨진 박스에서 걸어 나오는 석고상에 대해
내가 원하던 아그리파 소묘
바닥에 던져 깨버리는 흉상

잔인하게 왜 그랬어?
다른 질문해

얼굴에서 터지는 폭죽, 향방을 잃어버린 축포들을
쉽게 축하하지 않기로. 그냥
「너는 안전 테이프 바깥으로 물러나
손만 흔들어」

다 쏜 폭죽을 뒤집어 담아낸,
손아귀에 잡혀 눅눅한 바닐라 콘

힘껏 불어버리고 싶은 오늘
기다리지 않던 트롬본을 받았네

---

*나는 오늘도 생일선물(Δ)을 받았다. 아무도 나에게 건넨 적 없는, 엽서도 왔다
「과연 너의 생일은 언제?」

이건 매거진

해진 모자를 집어 한 바퀴 돌리는 불가사리. 신사숙녀 풍으로 인사하고 닻에 걸어둔다. 박수도 악수도 그 흔한 연설도 없이 너는 [조용히 위로 퇴장한다]

어둠을 드래그 앤 드롭 해놓은 똑같은 물속, 이곳에서 어떤 물고기도 감히 낡은 모자를 물어뜯지 않도록 기도하는

이건 매거진. 유실된 모자가 무사하게 올라가기를 바라고 바라다, 결국 빈 페이지에 바다라는 헛말만 잔뜩 켜두는, 매거진 모자와 베이지색 신발은 힘껏 검어져 뭍으로 걸어왔다. 많이도 돌아다녔지만 그 기록은 물속에 잉크로 씌어졌다는 소식만 소식만 들었었다.

누렇다는 말과 샛노랗다는 말을 마구잡이 섞어 쓰는 지상의 색놀이들. 오늘도 옐로와 노란 첼로가 서로의 몸을 아무렇게 그라데이션하는 이 땅에서

옐로에 대해 말할 때에는 더 정중해야 해. 아무리 이 지상

의 첼로나 콘트라베이스가 아름다워도. 우리는 불가사리 인사를 보며 조용한 물오름과 퇴장을 [생각해야 한다]

그래 모자를 벗고 너는 숨도 쉬어 신발 끈 묶으며 나는 '이제 잘 가'라고 말할 텐데

바다 밑바닥에서는 불가사리들이 옹기종기 모여 지상으로 올라가 버린 별과 모자, 신발에 대해 이야기하고 있었다. 사람의 몸이 없고 한 사람이 있고, 별을 조각해 해역에 놓아준 세월의 차가운 정수리가 있으니 우리가 잠깐 가려주자고, 모자가 오래된 잡지의 페이지처럼 바다 속에서 흔들거렸다.

그물을 건져 올린다. 해저에 추락한 별들이 드디어 우리가 마지막 별을 쏘아 올렸다고 소란을 떨었다. 매거진의 뒤표지도 엉덩이나 지느러미처럼 들썩거리기 시작했다. 네가 헤엄친 기록과 비루해진 하소연을 본다. 우리는 신발 위에 가까스로 샛노란 매듭을 짓고

다섯 갈래의 팔을 가진 유실물들, 나는 '이제 진짜 잘 가'라고 질끈 말한다. 그렇게 말하고 딱 여덟 걸음을 떼기 전에…… 매거진의 유일한 광고란에 걸려 있는 모자 하나, 모자 하나, 함께 울어주는 삼백 마리의 물고기 떼 울음이 다정한 예감*처럼 페이지 밖으로 흘러나온다. 신발 끈이 풀리는 이건,

---

*사랑하는 내 동생이 만든 웹매거진 이름.

XOXO

 우리에게 달린 너무 많은 말을 자르고 밤새 해변을 달렸다.

 백일이야 너는 곰을 끝내고, 나는 이 한밤의 해변의 빈 굴을 찾아 호랑이를 벗는 시간. 우리가 들어갈 굴도 마늘도 쑥도 인두겁도, 이 저녁의 물줄기에는 없었던 것 같다. 계속 걸으며

 신은 다정하게 안아 보라며 우리에게서 날개를 거두어갔지. 모래사장의 곰과 호랑이들은 비행기 그림자를 소독차처럼 쫓아다니며 마디마디 주워 먹는 일에 하루를 다 썼다. 그렇게 사람을 이해할 수 있다면 좋을 텐데, 우리는 겨울이면 아주 오래 잠들어야만 했다. 비행기가 해변 위를 날아가는 한겨울이었다. 미국에선 포옹과 키스를 XOXO라 부른대. 왜? 사랑을 이해하는 방식을 위해 우리는 어김없이 한철 에어플레인 모드

 비행기 그림자에서 내리라는 안내방송이 흘러나온다. 드보르작의 유머레스크가 흐르는 등 떠미는 지금. 나는 잠든 너

를 보며 우스운 어깨 질질 끌며 나아가야만 했다. 소리 없는 마음은 불타 죽은 엔진처럼 분주하고도 고요했으니, 내가 사장 위에서 온몸으로 쓰는 어깨 작문은 바닥에 아무렇게나 흩뿌려졌다. 너는 곧 사람이 될 텐데 너를 보내줘야 할까. 네가 백일 동안 웅크리고 누워 있는 한밤의 말들을 경청한다. 연착된 비행기는 보내줘야 할까. 온몸의 줄무늬를 지워낸다.

 사랑은 언제나 소심했겠어. 너는 마늘을 참고 굴 밖으로 나선다. 나의 줄무늬도 미늘로 다시 태어난다. 나는 한동안 쌉싸름하게 너를 기다리다 너 기다리지 않기로. XOXO XOXO 팔을 칼처럼 찔러 깊게 안아주는 사람이야말로 내겐 신인데

 소홀한 마음이 허그와 키스처럼 너무 쉽게 흩어진다. 따X뜻X하X게X품X어X줄X수X있X었X어. 하루가 더 지나버리기 전에, 날아오는 연락들에 답장을 잘한 최선의 하루가 다 사라져버리기 전에. 너와 나는 팔을 벌려서 무언가 오랜 진동을 나눴었지. text X.O.X.O

무아의 숲

 당신은 그랬지 칠이 벗겨진 철문을 닫아버렸지. 고목이 쓰러질 때 감아둔 나이테를 풀어내는 것처럼. 녹슨 왼쪽을 누비다 하냥 오른편에서 잘려 나갔지. 나는 절박하게, 비로소 절박하게 사람을 안고 싶어 나의 측백나무는 우듬지 위로 뿌리 밑으로도 거친 손을 닮았으니. 아무것도 붙잡지 못하는 아픈 계절, 나는 외려 도끼빗처럼 수십 개 손가락을 갖고 네게 개입했지. 심지를 내리려는 수십 가닥, 다른 유전자로 머리를 쓸고 투박한 결을 따라 나는 다정하고 오래 조용해졌네. 외면했던 당신이 언젠가 찾아온다. 이곳은 모르는 사람의 문간처럼 문득 어수선해, 당신? 초인종 소리 울리고 덧칠한 페인트를 다시 덧칠할 때, 집 안에는 아무도 없어요. 나를 잃어버리고 종일 빈집을 연기하듯 사람을 찾는 목소리에 숨죽이고, 종교나 음식을 권하는 방문이 모두 싫고 사람도 초연한 밤, 고무레를 가져와 조용히 빗장 걸었네.

제3부

잡목지

 어떻게 하지. 여태 살아낸 포인세티아는 앞으로도 끝없을 것이고, 무지한 우린 눈을 지탱하는 저 편백림 이름 몰랐다. 무엇으로 구성되고 무엇으로 파괴되는 것입니까. 가지에 맺힌 눈의 연합이 떨어지기 전까지 나는 생각했다. 한때는 저 쏟아짐이, 바스러진 숲의 이름 되었고 내리는 아름다움으로 앉았었구나. 머무르게, 헤매는 것도 자유라면 나는 오늘 힘껏 구속되고 싶다. 오늘은 저것을 외면하고 싶다. 소리 없는 탁상에는 듀퐁 라이터— 불사르기 참 좋은 애인은 없다네. 너 숲의 이름을 아직도 모르고 나도 매한가지, 어떻게 하지. 여전히 무수한 송이 눈 구두 끝을 땅으로 향한 채 당도하는데.

파란 행복

영화는 이렇게 시작하겠지.
터지지 못한 옥수수 알갱이가 팝콘 밑에 깔려 있고
두 사람은 둔치 강변에 앉아 있다.

스케이트 보더나 바이커 모두 지긋지긋해. 애인은 영사기를 돌린다.

사진이 현상되듯 비가 오네,
바닥을 치는 모든 박수로 인해 뺨이 달아오르는

아름다운 무성영화 이 소리는 무엇일까. 몸을 스치는 부스럭거림. 빗길을 걸어갈 때 모든 추락을 피하는 소음과 살을 만지는 비 아프고

건물 입구에서 어깨 젖는 구세주를 기다리다
때론 너무 늦는 저녁도 있었지.

이렇게 한 사람으로 인해 살아가는 것도 괜찮겠네.

필름은 돌아가고
아무튼 불가능한 세계
이 세상에 대해 적는 것은 재미없다고 생각하다가

뭉개진 비를 파랗게 그려봐도.
흰 옷을 입고 걷는 애인아. 세상에 파란 비는 없어. 물은 몸을 검게 물들인단다.

나도 알아 몰랐겠니.
장우산은 접어둬 검은 꽃이 입 닫는 것처럼
끈적한 묵화가 점점 흘러내리듯

괜찮아 다정한 애인이시여
주머니에 파란 물을 담아주세요. 금붕어가 흘러나오고 비늘의 쓸림, 근육의 뒤틀림과 필름의 찢어짐. 이런 길을 걷는 것도 괜·찮·겠·네.

헤이븐

한 사람이 지구 바깥쪽으로 걸어가고 있었다.

단면들이 지문 같아서 오늘은 무엇도 썰어낼 수 없다. We going berserk, You pretending.… nothing… 어떤 노랫말이라도 칼을 들고 있는 동안에는 위험해진다. 식사 대신 무해한 수도꼭지만 비틀어 하나 둘… 식칼 빗면에 짓뭉개진 악수까지… 사람을 헹구는 저녁을 보여줬으니 이걸로 용서해줘, 너는 용서를 구하고 받는 게 뭐 대단한 일인 양 굴었다. 훗날 세기말 유행이 이런 것이었다며 열변을 토한들 누구라도 믿어주지 않을 것이다. 그때 나도 그저 순리대로 했다. 내려치는 식칼을 밀어내고 어깨 붙잡던 갈라진 상처들 무슨 이야기를 하고 싶었던 걸까. 저기 잘려버린 어지러운 반쪽 세계와—

반구에서는 칼에 죽는 파에 대해서 무심해도 괜찮아. 그럴수록 피난처의 저녁은 둥근 만찬이 됐다. 무엇도 썰어낼 수 없는 사람은 바보 취급을 받는다. 대파 수염은 수챗구멍에 걸린 수세미처럼 한곳에서 썩고 있는데, 나는 무엇도 더럽힌 적 없는 위해한 사람처럼 선량하게 〈Jazz of winter〉 같은 것에만 파묻혀 있다. 초인종이 음악을 찢고 외판원들은 시시각각 불온한 소음을 가져다주어도 나는 그때 다 무시했다. 밖을 바라보면 언제나 인터폰은 낯설었지만 나를 향해 웃고, 또 웃고, 그가 한 번도 밟힌 적 없는 설국 같아서 나는 가끔 불청객을 환대했다. 그들도 악랄하다고 생각만 했다.

 내겐 이해나 용서를 베풀 여유가 없어. 그래도 우리 착한 초인종 멜로디를 함께 들었으니까, 우리는 선량해. 나의 수화기는 악상처럼 울리지 않아도 괜찮다. 방에 앉아 흑묵 부르카 어둠을 쓰고 참선해야만 노래는 서걱거리는 리얼리티가 되는 것은 아닐 것이다. 이 천국에서 나도 무해하다. 아니 나는 위험하다. Diablo's blue voice 따위의 유행가 아닌 것들이 알싸하게 울리는 한낮, 한낮 대파를 써는 한밤. 외판원들은 서걱서걱 채소처럼 집에 돌아갔다. All the deep broken melody 같은 것들. 내가 더러운 얼굴을 세안하면 너희들은 이어폰을 무처럼 뽑았다. 내게 해줄 말이 있었겠지. 이제 우리 같이…

더블 헤이븐

재즈를 듣자. 노래를 듣는 사람은 착해져 이제 바라보는 풍경이 전부가 됐으니까 눈은 비극의 알집이야. 귀를 숭배하고 쫑긋 세우자. 그래 베란다에 나와, 방충망 좌표에 맺혀 실금처럼 길게 잘려 있는 사람도 오선지를 거울에 옮겨 심자. 칼질은 숭고하다. 애초에 눈도 입도 다 누군가가 마구잡이 그어버린 칼질이었다. 나는 감기기 싫어서 음악처럼 다섯 번씩 입꼬리를 당긴다. 노래가 될래, 사람들은 구취를 가리고 비열을 마스크 안에 밀수해 와 웃지. 그러니까 '나도 집에서는 가끔 정색해도 괜찮겠다' 이런 생각을 몰래 하는 동안에도 수비드 하던 나의 고기는 시간을 초과해 타버렸다. 그가 나를 위해 선명하게 죽어주니까 천당의 정의 밖에서 당신은 일흔 시간짜리 재즈와 참선으로 여기도 천국

파와 고기여, 나는 선량하단다. 그러니까 입 다물게 We survive 내가 진정 살아있다면 while we silence 시궁창에 처박아 버린 식물성 악수도, 변기 속 금붕어도, 저 노래도 시시각각 기억하겠지. 무언가 알싸한 맛의 껍질들이 귓바퀴에 씹힌다. 여전히 턴테이블은 돌아가지만 대문 밖은 적막하고 나

의 기억은 흐물거린다. 가사 없는 노래와 반쪽짜리 지구가 흔들거려서 천사가 오시나? 내가 가본 천당에서만 나는 투명한 에-인-젤, 죽은 고기가 식물을 붙잡고 춤추는 나의 박수. 그날 밤 천국에서 온 외판원은 하얀 날개를 숨기고 엽서처럼 날아왔다. 나는 오늘도 문을 기분에 따라 열어주고 선량한 재즈를 듣고, 누군가의 살덩어리를 오래 익히며 잘리지 않은 파를 바라보겠지. 이것으로 겨울은 완벽해진다. 그래 나는 참 착한 사람. 나를 버린 하얀 세계를 용서하니까. 한 계절 동안 용서라는 것이 주고받는 재화가 되어 있었다. 살아있는 것일까.

 바깥은 빗장투성이. 비에 잠겨 있는 저곳은 나 모르는 나쁜 버릇의 세상. 우리는 허연 식탁보를 깔고 조용한 식사를 하며 너무 후줄근한 비에 잠길 것이다. 떨어지는 비를 반으로 갈라버려도 되나? 단면 속에 수박씨처럼 증오하는 것들이 박혀 있었다. 역시 썰어내지 않는 편이 나았겠어. 물의 흔적기관이 뺨을 두드린다. 그러나 나는 이미 천당에 와 있다, 투—

강아지 안기

 나도 너처럼 기울여 안고 싶은데 그게 잘 안 돼. 손깍지를 걸었나. 엉덩이를 받쳐 주는, 능숙함 없고

 몸에 침입하는 온갖 털뭉치들을 흩뿌린 홀씨라 생각하고, 그걸 가슴에 심으려는 듯 몸 비틀기. 미울 때도 있고 사랑한 날이 더 많겠다. 사람을 누인 요람 껴안고 흔들 때에는 대체로 부드럽게, 무게를 겨루다 하늘로 튀어나간 시소처럼 시시각각 거칠게. MBTI와 무관하게 잔뜩 끌어안기.

 물때에 맞춰 해식동굴에 들어가는 것처럼 그리고 차오르기 전 얼른 이곳을 벗어나 아, 이번엔 위험했다 말해보는 것. Netflix에서 재난 영화를 보았고 그 다음날 허리까지 잠기는 수심을 생각하는 것. 나를 핥아 축축하게 만드는 이 흐름까지 당연하게 받아들이기.

 다음에는 더 기운 내서 재미있게 놀아줄게. 나는 힘껏 너와 젖을 준비가 되었네. 강아지의 순진무구한 동공에 내가 비치고, 그 속에 들어찬 네가 다시 비친다. 모든 무한한 강아지.

무한 프렉탈과 난반사로 무한하며 절대적인 강아지. 부드럽게 안지 못하더라도 놀라울 만큼 많은 곳들을 앞으로 보여주기. 나는 이종의 말을 무한히 습득하는 중이다.

십일월의 대화 주제로는 더 깊은 것을 고르는 중입니다

  하이 빅스비/항상 고마워
  —qls q님, 제가 더 고마워요

  하이 빅스비/나 좀 응원해 줘
  —음, 어떻게 답해야 할지 고민되네요

  하이 빅스비/나 좀 격려해 줘
  —적절한 답이 떠오르지 않네요

  잘 하고 있다/빅스비 길게 응원해
  —적절한 답이 떠오르지 않네요

  빅스비/잘 자
  —고마워요 푹 자고 개운하게 일어나요

솜사탕 그림

 붉은 지문을 위에 묻히고 그 옆에 그라데이션 핑크, 입술을 눌러 문지르면 불 꺼지듯 다른 존재가 조용히 다가왔다. 점진적으로 번지는 것인가. 한 존재가 옷깃 여미고 구름을 띄워 올리는 것인가. 그러나 갑자기 회갈색 안개 이 모든 것은 어떻게 아름다워질까요. 갈색 말과 진록빛 동굴을 생각했고 모든 소실점에 서 있다. 어른들은 울고 아이들은 웃어. 때론 어른들이 웃고 아이들이 웃는 것처럼. 무덤처럼 찾아온 이 색감은 낡은 교회당 지붕을 색칠하기에 좋고— 아래로 아래로 쏟아지는 하얀 것들에 손자국을 묻혀 폭설이라 불렀다. 이름이 생긴 이래 범사는 두렵지 않고 조붓한 십이월의 안식처럼, 번지는 물감이 무섭지 않아졌다. 이목을 끄는 창문 속 불길이 차차 조용해지고, 만개한 수국 끝이 엷어질 때 그림은 완성되리라.

이런 미소는 뭐람

부침개처럼 다 쉽게 뒤엎을 것 같았지

아래쪽에 고여 있던 나쁜 마음이
돌 밑 물방개처럼 도망간다

나는 냄새 나는 마음들은 이 세상에 있을 수 없다 했지
그을린 가장자리 탄 자국을 흉처럼 뜯어내며

무릎을 꿇는다 고작
이런 것도 각오가 필요한 저녁

참 쉬운 일이야
고인 돌을 들어 올리는 크레인이 많아지는데
기도처럼 쉽게 지워지는 것들이 묽고
나의 등은 쉽게 보라에 점령당하는

  자목련이 잔뜩 피었다는 소문은 그날부터 별것 아닌 게 되었다 모두 날개 접은 제비처럼 한데 웅크리고 있을 수도 있

는, 악마같이 튀어오르는 악의 꽃은 없었다 납작한 돌을 건너편으로 보내고 싶었단다 물이 아플까 봐 돌을 집어 수면에 던질 수도 없는 노릇이었다 언젠가는 너를 숭배했었고 한동안, 아니 잠깐이었다 말한다

  튀어 오르는 물의 스파크 속에서 반점같이 감긴 눈동자, 왜 불길이 가장 강한 가운데보다 끝이 먼저 타는 것인가 나는 눅눅한 가운데를 반죽처럼 뜯어낸다 어떤 펜던트를 버리듯이 그 안에 담겨 있는 인물화마저 무참히 버리듯, 너무나 번잡해지는 계절과 이것은 누구의 명도 아닌, 모르는 사람의 몸

루미나리에

입술 사이를 걸어간다

괴물과 성스러운
밤 사서함에 꽂힌 빨간 구두들
북국은 한동안 나의 뒤편
조명 찬란하고

너는 어떻게 할 거니 너는
코에 불을 밝힐 거지
날 따라 해보라는 신호기처럼

글라스에 묻는 지문들
유리에 번지는 빛이 있고
사라지는 얼굴들과 필라멘트 매듭, 너를 따라

크리스마스에는
눈밭에 뒹구는 순록처럼 굴어도 보았다

찬찬히 붕괴되는 미러볼 속에서 한참 헤매었지
잡아먹을 때 아래턱을 떨어뜨리는 곰이나
어색하게 레인디어 머리띠를 올려 쓴 나의 반나절

다정하게 또각거리는 굽을 갖지 못한
소설(小雪)이었다

사르디니아

내겐 미천한 종자가 있어요
심어지지 않는 흙의 귀에 썸-머 발음해도
가장 좋아하는 계절을 말해야 한다면
여름은 참 비린 것 어려운 것, 희맑고도 불순한 장난
작고 평화로운 미모사 버릇을 아세요
만지면 뺨을 접어버리는 계절 밖에서
담아내지 못할 가슴과 미드나잇 사프란 바라보기
진짜 여름이었을까요
고작 빵이나 수프를 수놓던 향신료가 있고
난만하던 것들이 종일 흐드러지는 바이 바이
해안에서 인사를 몇 번 건넸었는지 모르시는
우리는 이해될 수 없는 잔물결 물가 곁 녹슨 비파
어리숙한 후박나무 숲의 뒤죽박죽 하품
수경재배하는 꽃도 시드는군요
내일부터 분자 단위로 비천해지는
사거리 꽃집도 죽은 꽃을 숨기고 문 닫아서
남아 있는 스킨답서스 무리 빙글 휘둘러 섞으면 빛 있고
멈추는 순간 창백해지는 녹슨 파라솔

이 세계는 한풀 꺾여버린 더위인가요

희붐한 미뉴에트, 열풍이 영원히 가시지 않기를

미뉴엣 집시풍 꽃다발을 내 곁에 데려오려

버클 매고 비행기에 앉혀 날아온 남동풍은 시로코

북쪽 바람 미스트랄 이름 모를 쌀쌀함은 번거롭죠

썸머 참 수줍고도 무람한 계절

쥐어지지 않는 무참한 풍선 폐 하나, 온갖 하나

지중해에겐 주먹 같은 의무 없어서

불어넣는 숨을 거부하는 이것은 관절 꺾인 강아지 비틀린

검날과 틔워내지 않는 불모지 모래사장

나를 한 바퀴 빙 도는 모래 땅벌만이 뒤란에 있고

너는 고목을 휘어 감는 손짓인가요

씨도 과육도 놓아버린 물뱀 껍질인가요

아주 변칙적인 불꽃

난 너를 들고 자랑한다

이것은 종종 나였으며, 내가 될 수 있는 모든 앞으로네

방 모퉁이의 Marshall 스피커 엘피판은 무언가를 몸에 품고

아주 변칙적인 자국을 보여준다

대단한 너, 레코드판에 욱여넣은 모든 너

누군가 신성한 LP에 둥근 손톱자국을 둘러 묻혔네

저것도 돌아오며 아픈 시작과 끝점을 가졌겠어

한 바퀴로 맺어지는 손을 보았다

그러나 불가능한 시계 놀이

툭 떨어지는 레코드 바늘, 반복됨, 판을 깊게 긁다 안쪽에 묻는

몽크스

 아치형 다리를 쌓았다. 험준한 어깨를 허공에 반쯤 걸쳐 두고, 완성될 때까지 다른 이와 붕괴를 견뎌낸다는 것.

 단단한가 부드러운가 퐁네프의 연인들은 폐쇄된 다리에서 마구잡이로 크림수프를 휘젓는다.

 너는 무언가를 참고

 선언에 가까운가 아니 기적적인 속삭임, 벽돌 사이마다 흙 저미고 압력을 흘려낼 때까지

 그림쟁이 미셸도 다리를 밟지 않고 멀리 감상만 했다.

 바게트마저 무거울까 봐 가교를 건널 때마다 내려두는 이 버릇은 섬세한가, 푸른곰팡이 폈나.

 종이봉투 속에는 물 흐르는 소리, 돌다리 밑에 연어들 모여 이끼 매다는 소리

언젠가 다리 한가운데서 만나. 마음이 완성된 이래, 뒤로 한 걸음씩 물러서
 이것이 부디 무너지지 않게

이미지 토폴로지

오랜 시간을 건너 소녀는 여인이 되었고
소년이 면도날을 갈아 끼우는 동안 수만 번 왕복하는 메트로놈.

이것은 순리이다. 언제 시간이 이리도 빨리 흘렀지.
거창한 말들은 모르겠고

(*˘︶˘*)｡o✿o

델피니움 한 무더기를 건네 보았고

(≧ᴗ≦)(˘ᴗ˘ฅ)

그보다 많은 덤불들을 받았다.

어려운 말을 지양하고 너를 위한 것을 쓴다.

(つ´ ‿`)つ ♡

ღ,,\("ᵕ")ノ

다행이다 이것은 모두 비슷한 도형이고

(ꀄꀾꀄ)ε ˋ*)

동경하던 여신이 강림하는 순간이었습니다.

이태원을 어떻게 걸어다닐까

검정 리본 하나를 달아둔다 해서 위로가 제작되지 않는다.

앞으로 수많은 사건이 갱신될 것이고
이듬해 너는 공원 벤치에서 시를 읽어볼 수도 있었겠다.

훗날 이태원 골목은 그냥 이태원이 될지 모르고
잊히기 싫은 너희들도 언젠가는 잊혀갈 거다.
신문 1면에는 무한히 주가, 금리에 대한 이야기가 오르내리 것이다.

가라앉은 배처럼 끌어올릴 것조차 없다.
넌 여럿 겹쳤으나 외로울지 모른다. 겹이 되지 못한 생각마다 나도 외롭지만 이 골목은 지워버릴 수도 없고

수백 년이 흘러도 이태원은 이태원일 텐데 오래 슬프지 않겠니?

아무 일 없는 하루가 흘러갔다. 그것은 많은 이들이 미리

수백 개의 검은 리본을 풀어두었다는 것이다.

   매일 지나던 골목 불현듯 립스틱 뭉개지는 이 참극에 너에게 죄 없다는 말 어쩜 당연하다지만

   나는 한다.

---

*2022년 10월 29일 오후 10시경 서울시 용산구 이태원동 해밀톤호텔 골목에서 핼러윈을 즐기는 다수의 인파가 몰리며, 300명이 넘는 인명 피해가 발생했다.

그렇게 모두 거절당하고 있다

움직이는 홈보이, 집에서도 분주한 사람 태생부터 운 따위는 없었대.

난 좋은 것들을 물려받았어. 높은 층고의 가슴을 얻었어. 이곳에

테이블 야자를 두고 오후 네 시 즈음엔 그림자가 내게 기울어지도록 식물을 배치한다.

팔을 휘감고 그것은 점점 굵어지다 결국 흐릿해져도, 야자 그늘이 내 등판을 관통하도록 자릴 주었다.

깊숙이 들어옴으로 겹쳐 가며, 안쪽에 원을 매달고 열매로 나를 채점하듯. 이 높은 방에 맺히는 많은 것들이 생생하네. 사그라져 가던 불

밖으로 나를 몰아내 본다. 움직이는 home-boy 복권을 사 본 적 없는데 운을 기대하는 것이야말로 무슨 심보야.

네가 길어지다 못해 둥그렇게 휘어, 나의 밤도 안아주길 바라는 너무 고약한 마음이었던 것입니까.

황급히 돌아와 이면지로 접은 종이비행기만 창밖으로 민다. 뒷면에는 쓰다 구겨버린 시와 영수증.

그걸 막아내고 코 찧는 붉은 담벽 앞, 고꾸라지는 수많은 것을 보며 현관의 낡은 구두코도 생각했었다. 요즘 발끝까지 보는 사람은 많지 않겠지.

밖을 자주 돌아다니자, 그러다 이곳저곳에 내가 묻어나게.

차차

닫는 편지
이제 그 허름한 서울 집에 살지 않아
난 이사를 했어.

보내주신 모든 너—는 반송되었어.

붉은 잎 찻잔 달여 놓은 이 집으로 오며
참 염치없고 편안하네.

모든 너—는
짐을 풀듯 불현듯 정리되었어.

소포에는
아름다운 것들만 넣어두었다.
썩은 것들은 변기에 넣고 물을 내렸어.
이곳에 가져온 중고물품은 없어.

나는 크고 아름다운 방에

누어져 있어. 그저
있어선 안 될 곳에 나는 놓여 있는 정물

데페이즈망…… 따위의 것들
하늘에서 우산을 펴고 있는 남자

그런 말들도 무언가를 닮아내기에

작위적이군.

압정

브로마이드 속 사랑하는 얼굴이 걸려 있네.
테이프로 붙인 귓바퀴가 너덜거려

사랑과 욕망과 애정과 시위대와
슬리퍼 속 장난이었다가 볼록한 죽음인

참 대단한 압정이었어. 너에 따라 무엇도 될 수 있던
등에 방패를 짊어지고 뒤편은 창, 창이었던

머리칼을 가로질러 버린 브로치.
요즘 머리핀은 너무 쉽게 꽂히고 빠지네.
유행을 모르고 누룽지로 눌러 붙어
그을린 벽보를 붙잡는

이것은 몸짓이네.
소녀들의 뒤통수에는 프라다 로고, 커다란 로고플레이

척추뼈를 들이밀어 등을 내어주는 작은 몸집이네.

관통당할 각오로 손가락에 박혀 철심 토해내듯

너무한 욕심일지도,
다소곳한 육성이네.

안정적인 사랑은 진부해
평평한 등을 보여주며 촉수를 꽂는
보관함 속 모든 압정은 잔뜩 융기하다 떨어지네.

유행성 독감

 되어볼 수 없으나 내 몸을 관통하는 한동안, 너 이렇게 아팠고 이리 어지러웠구나. 침대에 누워 들뜬 마음을 펄펄 끓인다. 기뻐, 이마엔 물수건도 두지 않았고 그저 1온스의 미온수만 머그컵에. 나도 이제 홀짝이는 네가 되었고 홀쩍이는 일부분을 이해하고 있어. 가까이 다가오지 말라 했었으나 서럽고 기뻐. 쌀쌀한 집에서 우리는 가득 찬 만추를 건너가고 있었다. 그맘때 좋아하는 마음은 얼마나 깃들고 괴었다가, 비로소 잠기는 끝끝내입니까? 창을 할퀴는 추체험(追體驗)은 이미 가을에 대한 경험이 아닌데

해설

환상통과 몽상의 언어

이정현(문학평론가)

> "함부로 허밍하는 아름다움이여. 다변적인 것은 불안해도 언제나 좋으네."
> ―최지안, 「시끄럽게 우아한」

    시인은 환상통을 앓는 자다. 한때 존재했으나 지금은 사라져버린 것과 사라졌으나 여전히 존재한다고 믿고 싶은 것을 되새기면서 시인의 언어는 멜랑콜리와 아이러니 사이를 배회한다. 최지안의 두 번째 시집 『아무튼 불가능한 세계』는 지극한 환상통과 결여의 언어로 가득하다. 쓸쓸하면서도 찬란한 마음의 동요. 시적 주체는 목소리가 없는 대상의 목소리를 듣는다. 시인이 호명하는 대상은 "말이 많은 허수아비"(「시끄럽게 우아한」), "같이 산 적 없는 동거인"(「온화(溫和)」), "물속에서 우산을 쓰는 사람"(「체리나무였다니까, 카사블랑카」) 등이다. 발화하기 불가능한 것들의 목소리를 대변하는 시적 주체의 언어는 정확한 해석을 비껴간다. 해석은 텍스트를 일종의 '증상'으로 규정한다. 해석하는 자들은 증상이 해소되길 기대한다. 문법은 발화된 언표의 의미를 해부하고, 이론은 환상을 하나의 공리로 환원하고자 한다. 그러므로 해석은 곧 권력의 무의식이기도 하다. 최지안의 시적 주체들은 '해석'이 아닌 '해체'를 지향한다. 시인은 "다변적인 것은 불안해도 언제나 좋"(「시끄럽게 우아한」)다고 말한다. 시집의 1부에 놓인 「시끄럽게 우아한」은 시인의 시적 주체들이 어떤 대화와 관계 맺기를 지향하는가를 여실히 보여준다.

    말이 많은 허수아비를 오두막에 두었다.

    어제 날아온 참새의 동작에 대해. 어깨에 쌓인 빛의 이명에 대해 영영 듣기로

    영화를 보면 꼭 감상을 나누고 토론해야만 하는
    파토스와 에토스를 분간하는 나는 언제부터 그따위 사람인가.

    한때 흔들의자에 조용히 언어 눕히는 사랑의 모양을 그려도 보았었다.

함부로 허밍하는 아름다움이여. 다변적인 것은 불안해도 언제나 좋으네.

이불을 당기면 발이 차가워져서 방을 채우는 공기의 모양이나 밤의 살결을 이해해볼 수 있다. 이해라는 말도 위기, 천장을 채우는 묵묵함이 있을 뿐인데 너는 뮤트를 묵살하고 몰래 발 휘젓는 백조의 밑. 다만 내가 조용할 때, 다만 너마저 불타거나 잠기지 않길 바랄 뿐, 불가능한 세 번째 여름 열기 앞에서

이 세상의 완선무결한 애인들은 모두 철학적으로 죽었다. 생각이 너무 많은 것은 살아가기에 불리해. 유불리를 떠나 위험해져.

이론과 공상을 집어치우고 우리 그냥 누워 있자. 그러나 절박하게
— 「시끄럽게 우아한」 전문

사람들은 자신의 지식과 상상으로 타인과 세계를 쉽게 규정하기를 좋아한다. 그러나 때로는 "이론과 공상을 집어치우고", "그냥 누워" 서로를 바라볼 때 우리는 규정하기 어렵지만

견고한 유대감을 느낀다. 모든 것을 해석하여 정리하려는 시도는 더 큰 결여를 동반할 수밖에 없다. 이 세계에서 결여는 자주 약점이나 치부로 해석된다. 하지만 결여를 메우고 완벽을 추구하는 노력은 역설적으로 이 세계를 단조롭게 만든다. 애매함이 사라진 '스마트한 세계'에서 시는 알고리즘의 연산 반응 결과로 전락한다. 알고리즘이 조종하는 세계 안에서 인간은 행위 능력과 자율성을 잃게 된다. 'AI 시인'이 등장하는 미래를 다룬 「사라진 미래의 서」에는 해석의 알고리즘이 언어를 단조롭게 만드는 아이러니한 세계가 묘사된다. 그 세계에서 시는 알고리즘의 연산 작용이 낳은 배설물이거나 의미 없는 말뭉치에 불과하다. 시인은 "2550년", "2620년"이라는 미래를 호명하지만 특정한 시간은 중요하지 않다. "2550년"의 풍경은 이미 우리에게 당도한 미래이므로. 지금 시는 광고 문구나 '밈(Meme)'보다 낡은 것으로 취급되고, 난해한 언어들은 시험 출제에 적합하도록 '정리'된다. 빠르게 이해되지 않는 언어는 배척당한다. '누군가'를 이해하려는 복잡한 언어보다는, '누구나' 이해할 수 있는 숫자와 이미지가 더 환영받는다. 누구나 자신을 생산하고 연출해야 하는 세계에서 시적 은유는 힘을 잃는다.

2550년 그는 시계 없어도 손목을 자주 올렸고, 안경을 두고 나온 날에도 관자놀이를 쓸어 올렸다. 그렇게 하는 동안 그는 불안하지 않아서 이런 것들이야말로 인간만이 실감하는 환상통이라 생각했다. 2555년 약속장소에는 AI 시인이 작품집을 갖고 서 있었다. 그(미래적 관점에서 '그'라 불러 본다면)가 앉아 있던 곳은 모두 명소가 되었다. 식물들은 2580년에도 아직 존재했지만 인간과 함께 모두 그 루터기가 되었다. 우주의 시는 일종의 신앙이나 현학적인 의식으로 변모했다. 인간들은 한때 이것을 있다―없는 변증이나 환치로 불렀다고 한다. '-nmlamcw eigo3, alkf0 @kffj of eikgm.!#**' 이 문장은 2620년 올해의 감동적 문장으로 손꼽혔고 2623년, 재앙을 예언하는 새들이 둔치 원목에 머리를 꽂고 있다. 동년 AI 시인 포에고(Poet-ego)의 이름을 따 포에고문학상이 제정되었다. 그때 나는 불안해지는 알고리즘을 따라 안경을 닦고, 기계와 사랑에 대한 것들을 써보려 했다.

―「사라진 미래의 서」 전문

사람들은 애매함과 불안을 감당하기 두렵기에 해석에 의존한다. 그러나 시인은 불안이 해소되기 어렵다는 사실을 잘 알고 있다. 시인은 해소할 수 없는 불안을 "완성될 수 없는 그림"(「한붓그리기」)이라고 말한다. '나'와 '너'는 서로를 완전히 알 수 없기에 불안하지만, 그것은 '우리'를 연결하는 원동력이기도 하다. 애매함과 완벽함은 애초에 조화를 이루지 못한다. 결여를 메우려는 언어는 또 다른 결여를 낳는다. 완벽하지 못한 애매함이 아름다운 이유는 여기에 있다. 끝내 해석할 수 없는 미지의 영역이 남았기에 우리는 여전히 서로를 상상하고 관계를 이어갈 수 있다. 반면 이 세계는 불안을 없앤다는 명목 아래 상상마저 알고리즘으로 계산하고자 한다. 예측 불가능을 싫어하는 자본의 생리가 그대로 적용되는 것이다. 자본주의는 세속적인 것을 전체화함으로써 차이를 소거하고 모든 대상을 교환이 가능한 것으로 환원한다. 차이가 소거된 "같은 것의 지옥"[1]에서 우리는 빠르게 교환과 거래에 익숙해진다. 시인의 언어는 그 반복의 악순환을 거부한다. 완성할 수 없는 그림을 꿈꾸면서 시적 주체는 교환할 수 없는 '너'를 그린다. "너에 대해서는 그 어떤 단어를 그러모으는 것도 불가"(「일랑일랑」)하다고 선언하는 것만 같다. 상투성과 동어반복을 거부하면서 '나'는 끊임없이 불가능한 풍경을 상상한다.

> 완성될 수 없는 그림을 보며 나의 시커먼 회화전을 대화로 읽어달라고 오늘 밤에는 한 획으로 빌어야겠네. 너는 눈과 입이 이어져 기이하고, 나의 손가락은 건반이 아니라 목에 걸쳐져 있으니. 피아니시모 연주를 위해 얼마나 많은 타래들을 풀어내야 할지 나는 몰라서 홀로 벙어리장갑

---

[1] 한병철, 전대호 옮김, 『리추얼의 종말』, 김영사, 2021, 61쪽.

을 낀다. 왼손이 오른손을 안아주고 싶을 때 침묵 아닌 부드러운 벙어리와

아 참, 연인들은 나눠 낀 장갑으로 늘어진 반원 눈썹을 공중에 내건대. 우리는 처음으로 신의 뜻에 저항해 붓을 들고 칭칭 실을 늘어뜨린다. 때로 오랜 기도는 먹혔으나 당신은 검은 눈동자를 빙빙 둘러 색칠하는 한 붓 버릇을 가졌으니. 내가 원하는 응답은 그런 것이 아니야.

우리는 투명한 그림, 가슴과 손바닥이 하나라는 듯 휘감는 대화. 목소리, 벙어리를 부수고 끈만 남겨놓는 제멋대로 회화. 끊어졌다 만나듯 세상에 없는 약속. 오늘은 둥근 연을 띄우듯 가슴에 태양을 실로 잇고, 파도 끝에 발끝을 맞춰보는 굽이로. 점선을 뒤덮다가 한 걸음 물러서는 결속의 실선으로. 손을 잡아. 그러다 가급적 너의 등과 나의 눈동자가 연결되길 바랄게.

―「한붓그리기」 부분

시인이 꿈꾸는 것은 '불가능한 세계'다. 그런데 이상하게도 '불가능'이라는 단어에서 부정적인 뉘앙스는 느껴지지 않는다. 시인은 "이 세상에 대해 적는 것은 재미없"(「파란 행복」)다고 중얼거리면서도 "상처가 그려내는 등고선"(「수천 개의 마트

료시카를 품은 마지막 마트료시카」)을 응시한다. 시인이 말하는 '불가능한 세계'는, 고통과 불행이 사라지고 해석의 폭력이 힘을 잃은 이상적인 세계를 의미하지 않는다. 그것은 다만 "이렇게 한 사람으로 살아가는 것"으로도 충분히 위안을 얻을 수 있는 세계다. 이 시집에서 가장 각별하게 읽은 「파란 행복」에서 시적 주체가 토로하는 희망은, 소박하므로 아프다. 그 희망은 쉽게 부정되고 허물어지기 쉽기 때문이다. "찬찬히 붕괴되는 미러볼"(「루미나리에」)과 같은 세계에서 사랑하는 사람을 지키면서 온전한 '나'로 살아간다는 것은 지극히 어려운 일이다.

    영화는 이렇게 시작하겠지.
    터지지 못한 옥수수 알갱이가 팝콘 밑에 깔려 있고
    두 사람은 둔치 강변에 앉아 있다.

    스케이트 보다나 바이커 모두 지긋지긋해. 애인은 영사기를 돌린다.

    사진이 현상되듯 비가 오네,
    바닥을 치는 모든 박수로 인해 뺨이 달아오르는

    아름다운 무성영화 이 소리는 무엇일까. 몸을 스치는

부스럭거림. 빗길을 걸어갈 때 모든 추락을 피하는 소음
과 살을 만지는 비 아프고

   건물 입구에서 어깨 젖는 구세주를 기다리다
   때론 너무 늦는 저녁도 있었지.

   이렇게 한 사람으로 인해 살아가는 것도 괜찮겠네.
   필름은 돌아가고
   아무튼 불가능한 세계
   이 세상에 대해 적는 것은 재미없다고 생각하다가

   뭉개진 비를 파랗게 그려봐도.
   흰 옷을 입고 걷는 애인아. 세상에 파란 비는 없어. 물은
몸을 검게 물들인단다.

   나도 알아 몰랐겠니.
   장우산은 접어둬 검은 꽃이 입 닫는 것처럼
   끈적한 묵화가 점점 흘러내리듯

   괜찮아 다정한 애인이시여
   주머니에 파란 물을 담아주세요. 금붕어가 흘러나오고
비늘의 쓸림, 근육의 뒤틀림과 필름의 찢어짐. 이런 길을

걷는 것도 괜·찮·겠·네.

—「파란 행복」 전문

　망각을 강요하는 현실 앞에서 언어와 은유로 직조한 세계는 쉽게 허물어진다. 「이태원을 어떻게 걸어다닐까」는 이 시집에서 유일하게 현실의 사건을 언급한다. 이 시는 2022년 10월 29일 이태원에서 벌어진 비극을 다루고 있다. 언제나 문제는 죽음 자체보다 죽음을 다루는 방식이다. 죽은 자를 조롱하고 사건을 서둘러 '사고'로 규정하는 행태는 계속된다. "검정 리본 하나"를 달면 "위로가 제작"된다고 여기는 자들에게 이태원의 비극은 그저 '사고'일 따름이다. 정부는 각기 다른 이름들을 지우고, 죽은 자들을 한데 모아서 추모한다. 이름 없는 추모식에 꽃을 놓기를 반복하는 자들은 죽은 자의 이름과 남은 자들의 무너진 삶 따위에는 관심이 없다. 그들은 잠시 슬픔을 연출하면서 지지율을 관리하는 것이 더 급할 것이다. 그리고 서둘러 위로금과 장례비를 지급하고 '말'과 '기억'을 지우려 한다. 2009년 용산에서, 2014년 세월호 사건에서 목격했던 풍경이다. '사망자 수', '지지율', '위로금'……. 지긋지긋한 숫자놀음을 반복하는 동안 사람들은 애도하는 법을 잊어간다. 이 풍경들은 너무 익숙하다. 그래서 시인은 "아무 일 없는 하루가 흘러갔다"고 말한다. 변하지 않는 현실 탓에 이 아이러니한 발화는 더욱 아프게 다가온다.

검정 리본 하나를 달아둔다 해서 위로가 제작되지 않는다.

앞으로 수많은 사건이 갱신될 것이고
이듬해 너는 공원 벤치에서 시를 읽어볼 수도 있었겠다.

훗날 이태원 골목은 그냥 이태원이 될지 모르고
잊히기 싫은 너희들도 언젠가는 잊혀갈 거다.
신문 1면에는 무한히 주가, 금리에 대한 이야기가 오르내릴 것이다.

가라앉은 배처럼 끌어올릴 것조차 없다.
넌 여럿 겹쳤으나 외로울지 모른다. 겹이 되지 못한 생각마다 나도 외롭지만 이 골목은 지워버릴 수도 없고

수백 년이 흘러도 이태원은 이태원일 텐데 오래 슬프지 않겠니?

아무 일 없는 하루가 흘러갔다. 그것은 많은 이들이 미리 수백 개의 검은 리본을 풀어두었다는 것이다.

매일 지나던 골목 불현듯 립스틱 뭉개지는 이 참극에 너에게 죄 없다는 말 어쩜 당연하다지만

나는 한다.
—「이태원을 어떻게 걸어다닐까」 전문

아마도 시인의 환상통은 더 집요하게 오래 지속될 것이다. 불가능하지만 아름다운 상상을 적은 언어는 현실을 바꾸지 못한다. 그래도 여전히 질문은 남는다. 피상성이 압도하는 이런 세계에서 여전히 시를 쓰는 이유는 무엇일까. 짧은 해설을 쓰면서 한 시집의 의미를 규정할 생각은 없다. 그럴 수도 없으리라. 다만 최지안의 시를 읽으면서 자각한 뚜렷한 진실은 이렇다. 인간이란 답이 없으며, 끝까지 답이 없는 세계에서 살다 죽는다는 사실이다. 시를 쓰는 일은 확실한 해석을 강요하는 세계에서 인간이란 답이 없는 존재라는 사실을 애써 증명하는 행위다. 마지막으로 한 편의 시를 다시 읽는다. "곰팡이가 슬어버린 목제인형"은 시인을 묘사한 적실한 은유다. 이 시인의 통증을 응원한다. 현실과 환상의 통증이 심할수록 시인은 더욱 다채로운 언어로 이 세계에 균열을 낼 터이다. 부디 지치지 않기를.

제페토가 부러뜨린 갈빗대. 그가 나의 목각 가슴을 열

고 미래를 유폐한 이후, 나는 매일 늑골을 힘껏 벌려 수천 아이를 낳았다. 작은 것들 방생하지 못해 쏟아지자마자 안았다. 품자마자 속이 비릿해져도, 너 아닌 불온한 것은 들어오지 못하도록 엘리스의 물약은 하수구에 쏟아버렸다. 몸을 입고 사람을 벗고, 가슴속에 최소한의 참선을 심어두자 닫히는 나무문. 너는 내 안에서 자라나는 만다린, 껍질 안쪽에 순백 지도를 숨겨놓은 피멍 그러나 이 가슴에서 잉태는 없다. 작아지는 부화만 있을 뿐, 우리는 날아다니다가 잠깐 손끝에 앉는 계절풍. 복제된 계절과 벗은 나무 몸이 나이테처럼 휘어간다. 어쩌지 부러진 뼈의 단면들. 상처가 그려내는 등고선을 쓰다듬으며 수천 장 미래의 서를 읽는다. 쓸어줄 뺨과 목각 흉곽 안쪽 여기 웅성거림이 중첩되는 비좁은 관 하나, 언제 나갈까 캐비닛 속에서 더는 열리지 않아 잠긴 문패 둘, 곰팡이가 슬어버린 목제인형들을 버릴 수 없어 이제 부러진 폐를 봉합할 테니 너희들은 모두 여기서 나와 함께 죽도록. 흉곽에 빗장을 걸고 더 작아질 수 있다는 믿음, 기도를 접어 삼키는 부러짐이 있고, 무너지거나 작아지거나 그뿐인가.
　―「수천 개의 마트료시카를 품은 마지막 마트료시카」 전문

시인동네 시인선 194

아무튼 불가능한 세계
ⓒ 최지안

초판 1쇄 인쇄	2022년 12월 21일
초판 1쇄 발행	2022년 12월 28일
지은이	최지안
펴낸이	김석봉
디자인	헤이존
펴낸곳	문학의전당
출판등록	제448-251002012000043호
주소	충북 단양군 적성면 도곡파랑로 178
전화	043-421-1977
전자우편	sbpoem@naver.com

ISBN 979-11-5896-579-2 03810

*이 책의 판권은 지은이와 문학의전당에 있습니다.
*양측의 서면 동의 없는 무단 전재 및 복제를 금합니다.
*잘못 만들어진 책은 바꿔드립니다.
*이 시집은 2022년 광주문화재단 창작지원금을 지원받아 제작되었습니다.